escuela - l'école   2
viaje - le voyage   5
transporte - le transport   8
ciudad - la ville   10
paisaje - le paysage   14
restaurante - le restaurant   17
supermercado - le supermarché   20
bebida - les boissons   22
comida - l'alimentation   23
granja - la ferme   27
casa - la maison   31
cuarto de estar - le salon   33
cocina - la cuisine   35
cuarto de baño - la salle de bain   38
cuarto de los niños - la chambre d'enfant   42
vestimenta - les vêtements   44
oficina - le bureau   49
economía - l'économie   51
ocupaciones - les professions   53
herramientas - les outils   56
instrumentos musicales - les instruments de musique   57
zoológico - le zoo   59
deporte - les sports   62
actividades - les activités   63
familia - la famille   67
cuerpo - le corps   68
hospital - l'hôpital   72
emergencia - l'urgence   76
Tierra - la terre   77
reloj - ...heure(s)   79
semana - la semaine   80
año - l'année   81
formas - les formes   83
colores - les couleurs   84
opuestos - les oppositions   85
números - les nombres   88
idiomas - les langues   90
quién / qué / cómo - qui / quoi / comment   91
donde - où   92

AF187422

Impressum
Verlag: BABADADA GmbH, Nedderfeld 112 , 22529 Hamburg
Geschäftsführer / Verlagsleitung: Harald Hof
Druck: Books on Demand GmbH, In de Tarpen 42, 22848 Norderstedt

Imprint
Publisher: BABADADA GmbH, Nedderfeld 112 , 22529 Hamburg, Germany
Managing Director / Publishing direction: Harald Hof
Print: Books on Demand GmbH, In de Tarpen 42, 22848 Norderstedt

escuela

l'école

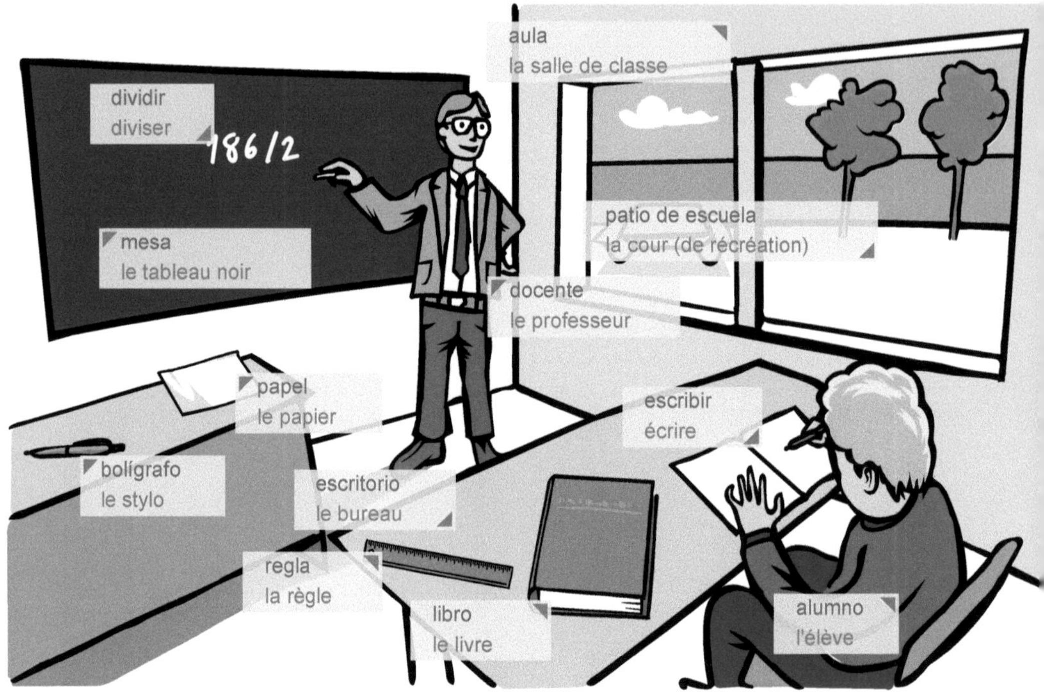
aula
la salle de classe
dividir
diviser
186/2
mesa
le tableau noir
patio de escuela
la cour (de récréation)
docente
le professeur
papel
le papier
escribir
écrire
bolígrafo
le stylo
escritorio
le bureau
regla
la règle
libro
le livre
alumno
l'élève

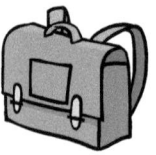

mochila escolar

le cartable

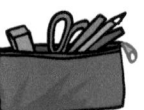

caja de lápices

la trousse

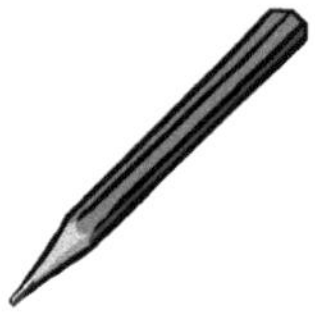

lápiz

le crayon

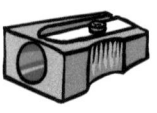

sacapuntas

le taille-crayon

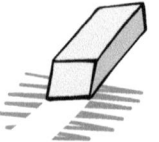

goma de borrar

la gomme

bloc de dibujo

le carnet à dessin

dibujo

le dessin

pincel

le pinceau

caja de pinturas

la boîte de peinture

tijera

les ciseaux

pegamento

la colle

libro de ejercicios

le cahier d'exercices

tarea

les devoirs

número

le chiffre

sumar

additionner

restar

soustraire

multiplicar

multiplier

calcular

calculer

letra

la lettre

alfabeto

l'alphabet

palabra

le mot

texto

le texte

leer

lire

tiza

la craie

lección

la leçon

libro de clase

le livre de classe

examen

l'examen

certificado

le certificat

uniforme escolar

l'uniforme scolaire

educación

la formation

enciclopedia

le lexique

universidad

l'université

microscopio

le microscope

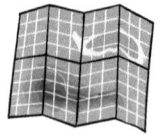

mapa

la carte

cesto de papeles

la corbeille à papier

escuela - l'école

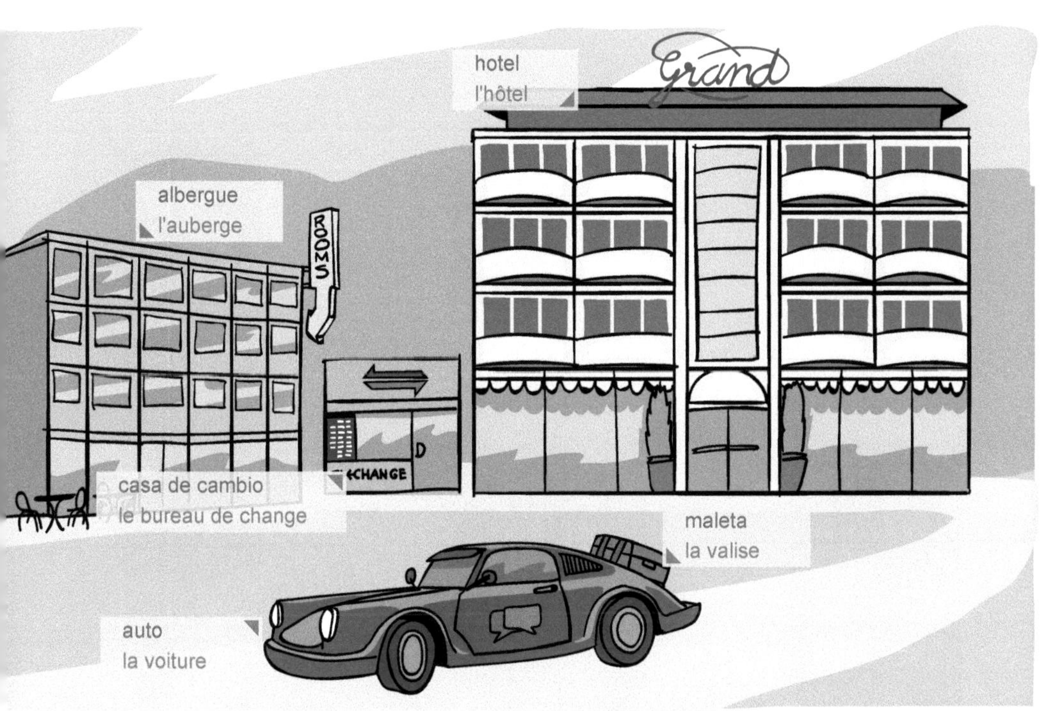

hotel
l'hôtel
Grand
albergue
l'auberge
ROOMS
casa de cambio
le bureau de change
maleta
la valise
auto
la voiture

idioma

la langue

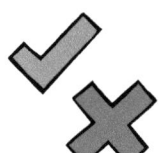

sí / no

oui / non

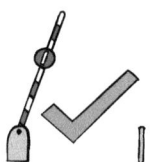

ok

d'accord

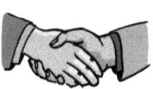

hola

Salut

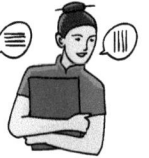

intérprete

l'interprète

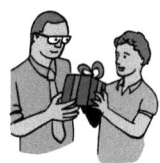

gracias

merci

¿Cuánto cuesta...?

Combien coûte...?

No entiendo

Je ne comprends pas

problema

le problème

¡Buenas tardes!

Bonsoir !

¡Buenos días!

Bonjour !

¡Buenas noches!

Bonne nuit !

adiós

Au revoir

dirección

la direction

equipaje

les bagages

bolso

le sac

mochila

le sac-à-dos

invitado

l'hôte

cuarto

la pièce

saco de dormir

le sac de couchage

tienda de campaña

la tente

información al turista

l'office de tourisme

playa

la plage

tarjeta de crédito

la carte de crédit

desayuno

le petit-déjeuner

almuerzo

le déjeuner

cena

le dîner

pasaje

le billet

ascensor

l'ascenseur

sello

le timbre

límite

la frontière

aduana

la douane

embajada

l'ambassade

visa

le visa

pasaporte

le passeport

transporte
le transport

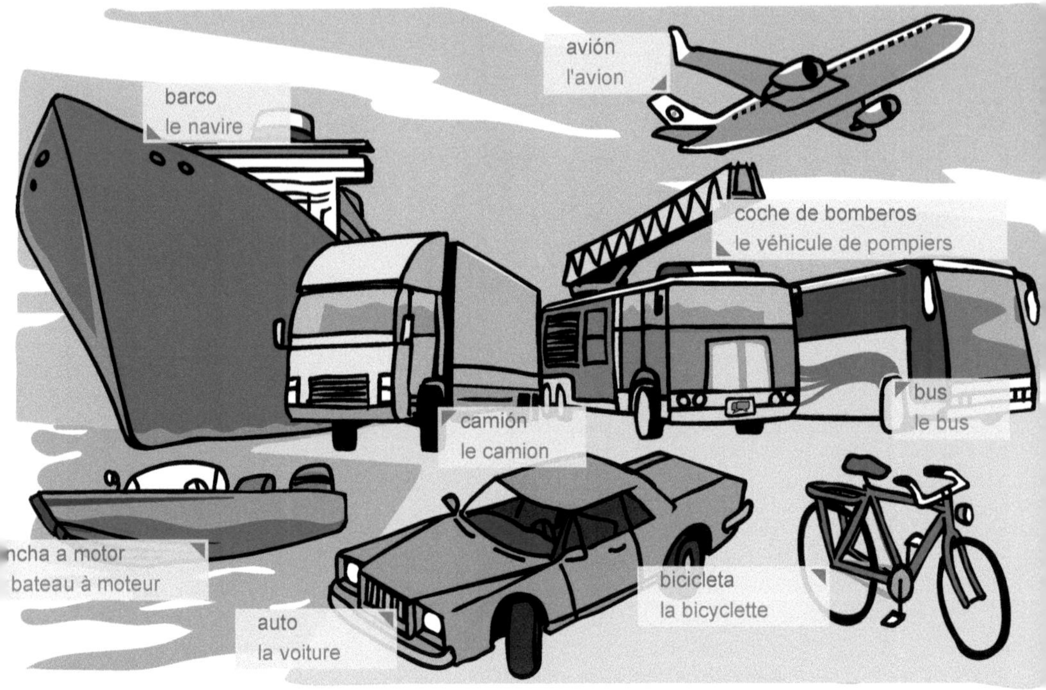
avión
l'avion
barco
le navire
coche de bomberos
le véhicule de pompiers
bus
le bus
camión
le camion
ncha a motor
bateau à moteur
bicicleta
la bicyclette
auto
la voiture

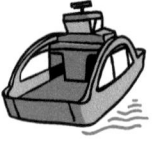

balsa
le ferry

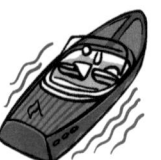

lancha
la barque

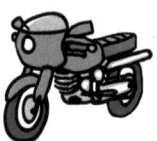

motocicleta
la moto

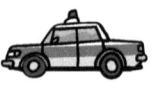

auto de policía
la voiture de police

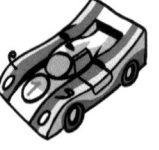

auto de carreras
la voiture de course

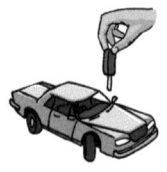

auto de alquiler
la voiture de location

alquiler de autos

l'auto-partage

grúa

la voiture de remorquage

vehículo recolector de basura

la benne à ordures

motor

le moteur

gasolina

l'essence

gasolinera

la station d'essence

señal de tráfico

le panneau indicateur

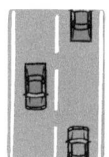

tránsito

le trafic

atasco

l'embouteillage

estacionamiento

le parking

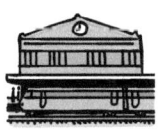

estación de tren

la gare

carril

les rails

tren

le train

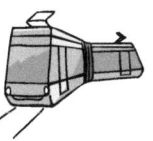

tranvía

le tramway

vagón

le wagon

helicóptero

l'hélicoptère

aeropuerto

l'aéroport

torre

la tour

pasajero

le passager

contenedor

le conteneur

caja de cartón

le carton

carro

le chariot

cesta

la corbeille

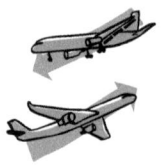

despegar / aterrizar

décoller / atterrir

ciudad

la ville

aldea

le village

centro de la ciudad

le centre-ville

casa

la maison

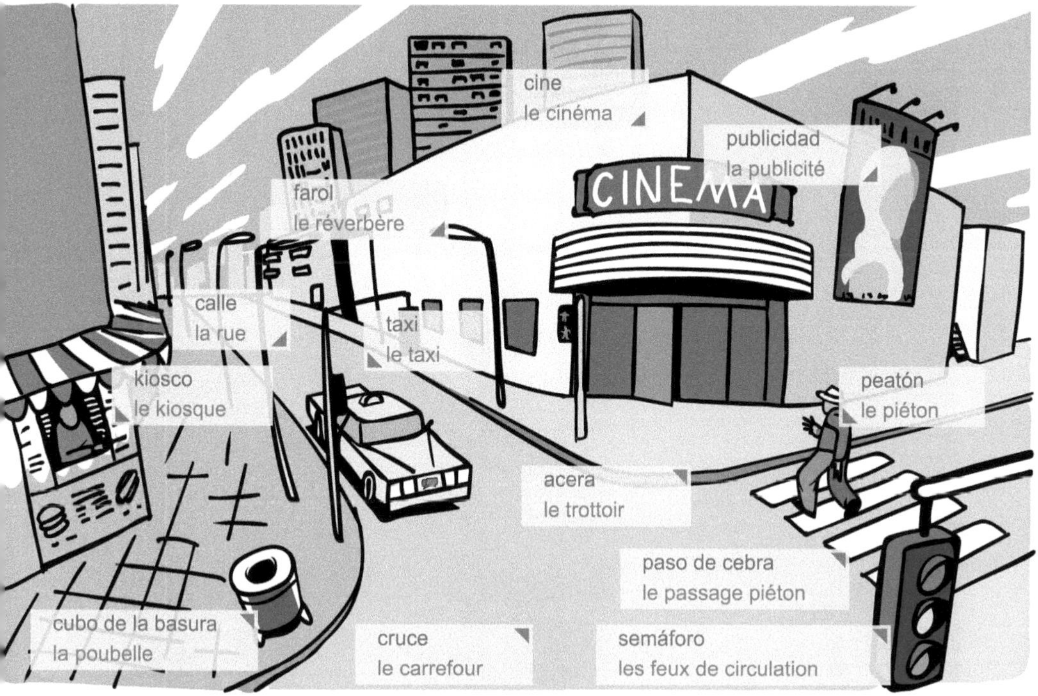

cine
le cinéma

publicidad
la publicité

farol
le réverbère

calle
la rue

taxi
le taxi

kiosco
le kiosque

peatón
le piéton

acera
le trottoir

paso de cebra
le passage piéton

cubo de la basura
la poubelle

cruce
le carrefour

semáforo
les feux de circulation

cabaña
la cabane

apartamento
l'appartement

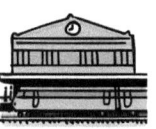

estación de tren
la gare

ayuntamiento
la mairie

museo
le musée

escuela
l'école

ciudad - la ville

universidad

l'université

banco

la banque

hospital

l'hôpital

hotel

l'hôtel

farmacia

la pharmacie

oficina

le bureau

librería

la librairie

negocio

le magasin

florería

le fleuriste

supermercado

le supermarché

mercado

le marché

grandes almacenes

le grand magasin

pescadería

la poissonnerie

centro comercial

le centre commercial

puerto

le port

ciudad - la ville

parque

le parc

banco

la banque

puente

le pont

escalera

les escaliers

metro

le métro

túnel

le tunnel

parada de autobuses

l'arrêt de bus

bar

le bar

restaurante

le restaurant

buzón de correo

la boîte à lettres

letrero

le panneau indicateur

parquímetro

le parcmètre

zoológico

le zoo

piscina

le réverbère

mezquita

la mosquée

granja

la ferme

polución

la pollution

cementerio

la cimetière

iglesia

l'église

parque infantil

l'aire de jeux

templo

le temple

paisaje

le paysage

hoja
la feuille

indicador de camino
le panneau indicateur

sendero
le chemin

pradera
le pré

piedra
la pierre

caminante
le randonneur

árbol
l'arbre

río
la rivière

pasto
l'herbe

flor
la fleur

valle

la vallée

montaña

la montagne

lago

le lac

bosque

la forêt

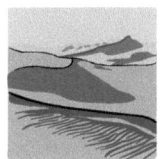

desierto

le désert

volcán

le volcan

castillo

le château

arco iris

l'arc-en-ciel

seta

le champignon

palmera

le palmier

mosquito

le moustique

mosca

la mouche

hormiga

les fourmis

abeja

l'abeille

araña

l'araignée

escarabajo

le coléoptère

rana

la grenouille

ardilla

l'écureuil

erizo

le hérisson

liebre

le lièvre

lechuza

la chouette

pájaro

l'oiseau

cisne

le cygne

jabalí

le sanglier

ciervo

le cerf

alce

l'élan

embalse

le barrage

aerogenerador

l'éolienne

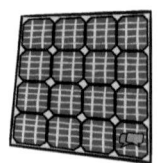

módulo solar

le panneau solaire

clima

le climat

restaurante
le restaurant

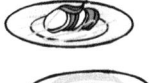

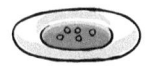

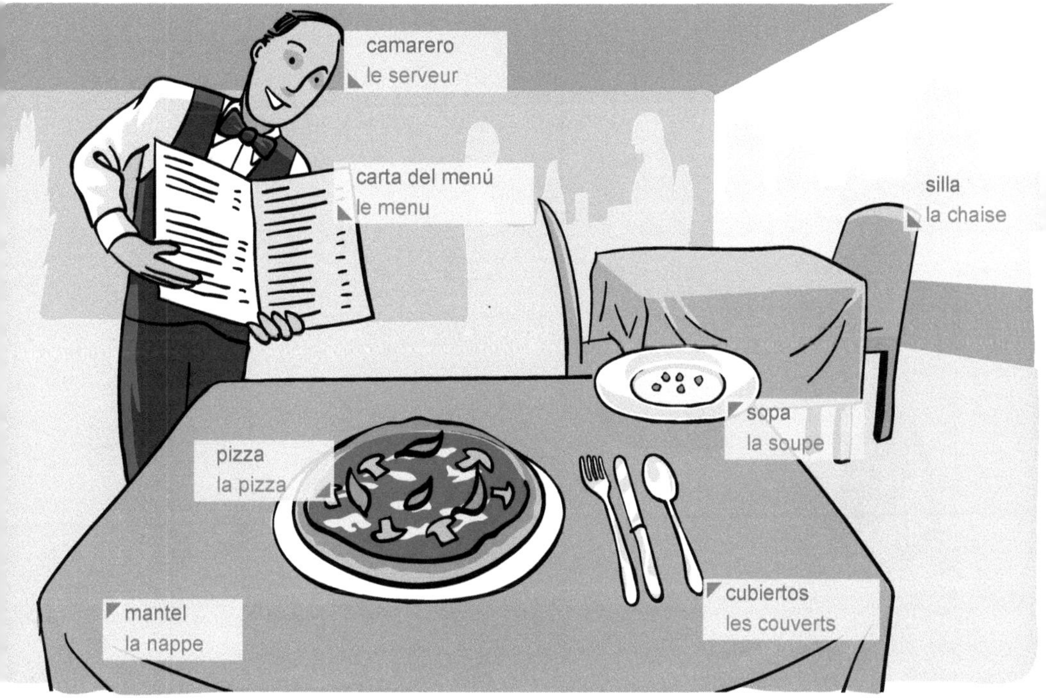

camarero
le serveur
carta del menú
le menu
silla
la chaise
sopa
la soupe
pizza
la pizza
cubiertos
les couverts
mantel
la nappe

entrada

les hors d'œuvre

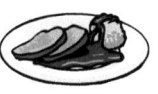

plato principal

le plat principal

postre

le dessert

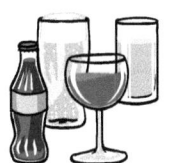

bebida

les boissons

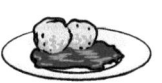

comida

l'alimentation

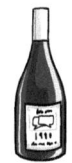

botella

la bouteille

comida rápida

le fast-food

comida callejera

les plats à emporter

tetera

la théière

azucarera

le sucrier

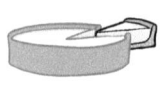

porción

la portion

máquina de espresso

la machine à expresso

silla alta

la chaise haute

factura

la facture

bandeja

le plateau

cuchillo

le couteau

tenedor

la fourchette

cuchara

la cuillère

cuchara de té

la cuillère à thé

servilleta

la serviette

vaso

le verre

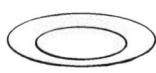

plato

l'assiette

plato de sopa

l'assiette à soupe

platillo

la soucoupe

salsa

la sauce

salero

la salière

molinillo para pimienta

le moulin à poivre

vinagre

le vinaigre

aceite

l'huile

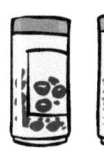

especias

les épices

ketchup

le ketchup

mostaza

la moutarde

mayonesa

la mayonnaise

supermercado
le supermarché

oferta
l'offre promotionnelle
FOR
cliente
le client
productos lácteos
les produits laitiers
fruta
les fruits
carrito de compras
le chariot

BUTCHERS

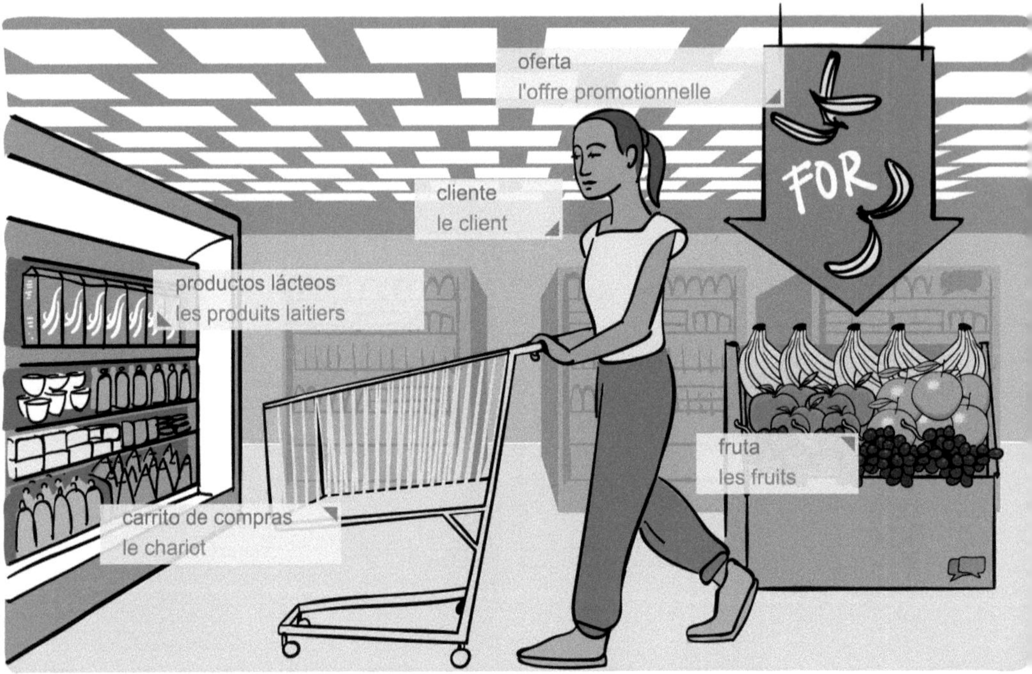

carnicería

la boucherie

BAKERY

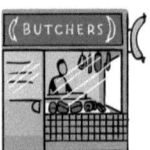

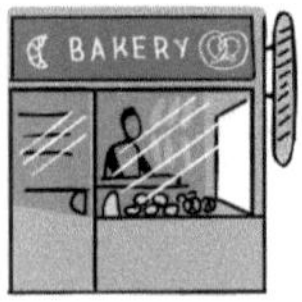

panadería

la boulangerie

pesar

peser

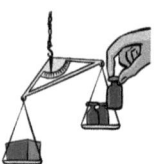

verdura

les légumes

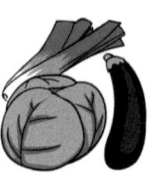

carne

la viande

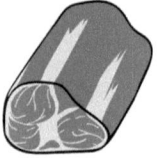

alimentos congelados

les aliments surgelés

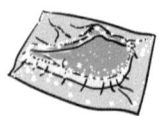

fiambre

la charcuterie

conservas

les conserves

detergente en polvo

la poudre à lessive

dulces

les bonbons

artículos domésticos

les articles ménagers

productos de limpieza

les détergents

vendedora

la vendeuse

caja

la caisse

cajero

le caissier

lista de compras

la liste d'achats

horario de atención

les heures d'ouverture

cartera

le portefeuille

tarjeta de crédito

la carte de crédit

maleta

le sac

bolsa plástica

le sac en plastique

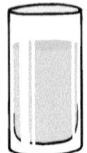

agua

l'eau

jugo

le jus de fruit

leche

le lait

refresco de cola

le coca

vino

le vin

cerveza

la bière

alcohol

l'alcool

cacao

le chocolat chaud

té

le thé

café

le café

espresso

l'expresso

cappuccino

le cappuccino

banana

la banane

manzana

la pomme

naranja

l'orange

sandía

le melon

limón

le citron.

zanahoria

la carotte

ajo

l'ail

bambú

le bambou

cebolla

l'oignon

seta

le champignon

nueces

les noisettes

fideos

les pâtes

espagueti

les spaghetti

arroz

le riz

ensalada

la salade

patatas fritas

les pommes frites

patatas salteadas

les pommes de terre rôties

pizza

la pizza

hamburguesa

le hamburger

sándwich

le sandwich

escalope

l'escalope

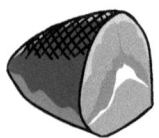

jamón

le jambon

salame

le salami

embutido

la saucisse

pollo

le poulet

asado

le rôti

pescado

le poisson

comida - l'alimentation

copos de avena

les flocons d'avoine

musli

le muesli

copos de maíz tostado

les cornflakes

harina

la farine

croissant

le croissant

panecillo

les petits-pains

pan

le pain

tostada

le pain grillé

galletas

les biscuits

mantequilla

le beurre

cuajada

le fromage blanc

pastel

le gâteau

huevo

l'œuf

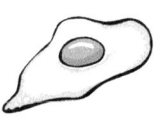

huevo frito

l'œuf au plat

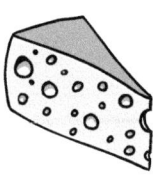

queso

le fromage

helado

la glace

azúcar

le sucre

miel

le miel

mermelada

la confiture

praliné

la crème nougat

curry

le curry

granja
la ferme

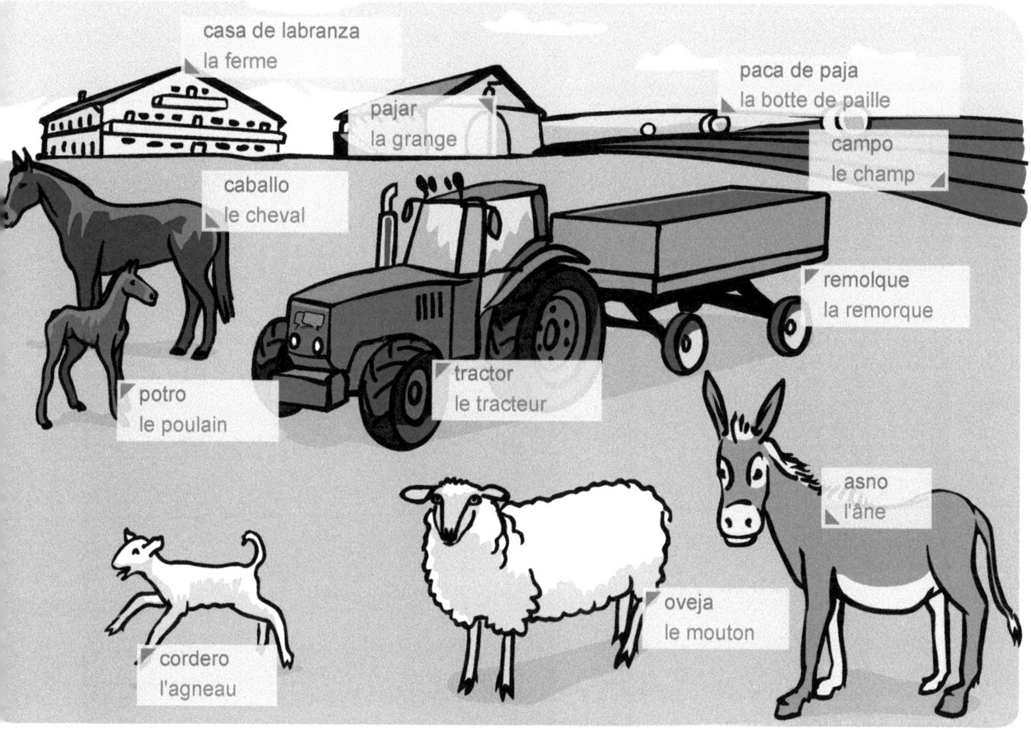
casa de labranza
la ferme
pajar
la grange
paca de paja
la botte de paille
campo
le champ
caballo
le cheval
remolque
la remorque
tractor
le tracteur
potro
le poulain
asno
l'âne
oveja
le mouton
cordero
l'agneau

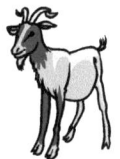

cabra

la chèvre

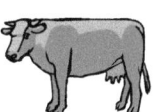

vaca

la vache

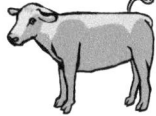

ternero

le veau

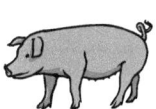

cerdo

le porc

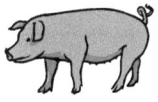

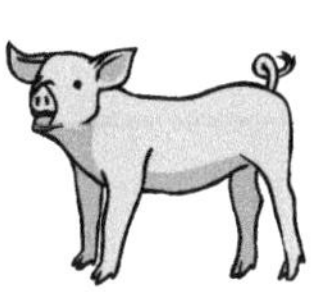

lechón

le porcelet

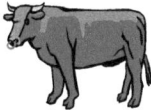

toro

le taureau

ganso

l'oie

pato

le canard

polluelo

le poussin

pollo

la poule

gallo

le coq

rata

le rat

gato

le chat

ratón

la souris

buey

le bœuf

perro

le chien

caseta del perro

le chenil

manguera de riego

le tuyau de jardin

regadera

l'arrosoir

guadaña

la faucheuse

arado

la charrue

hoz

la faucille

azada

la pioche

bieldo

la fourche

hacha

la hache

carretilla

la brouette

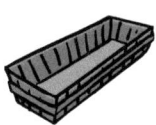

abrevadero

la cuve

lechera

le pot à lait

saco

le sac

cerca

la clôture

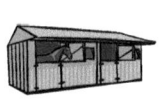

establo

l'étable

invernadero

le serre

suelo

le sol

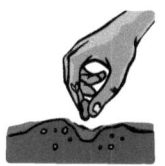

semilla

les semences

fertilizante

l'engrais

cosechadora

la moissonneuse-batteuse

cosechar

récolter

cosecha

la récolte

raíz de ñame

l'igname

trigo

le blé

soja

le soja

patata

la pomme de terre

maíz

le maïs

colza

le colza

Árbol frutal

l'arbre fruitier

mandioca

le manioc

cereales

les céréales

casa
la maison

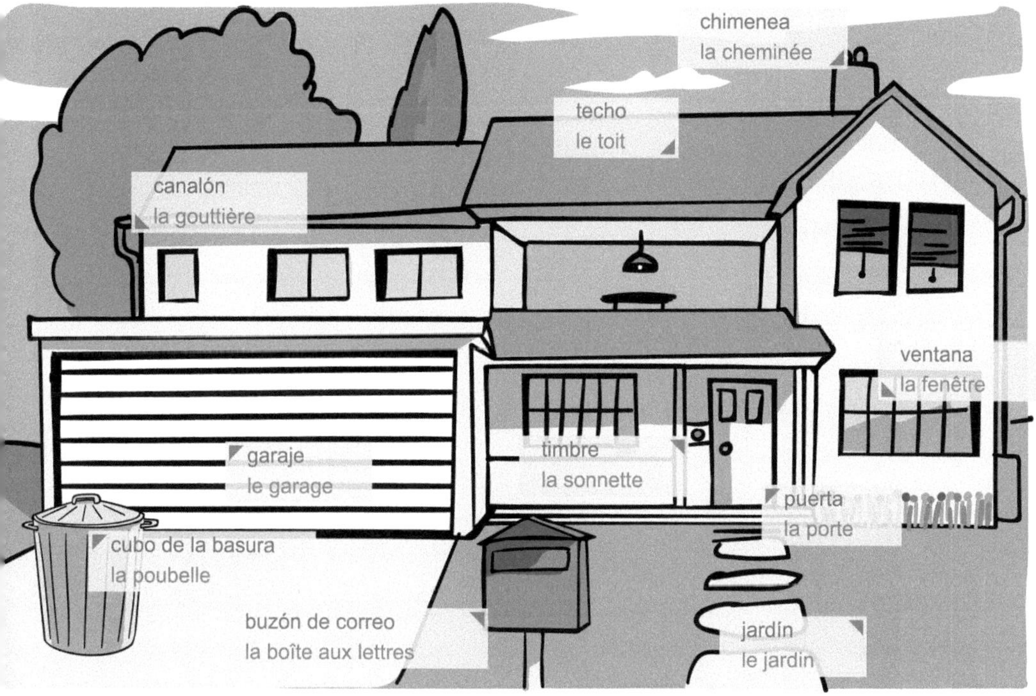
chimenea
la cheminée
techo
le toit
canalón
la gouttière
ventana
la fenêtre
garaje
le garage
timbre
la sonnette
puerta
la porte
cubo de la basura
la poubelle
buzón de correo
la boîte aux lettres
jardín
le jardin

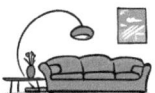

cuarto de estar

le salon

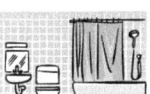

cuarto de baño

la salle de bain

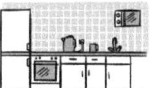

cocina

la cuisine

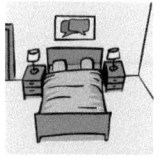

dormitorio

la chambre à coucher

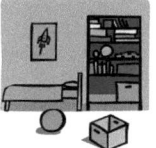

cuarto de los niños

la chambre d'enfant

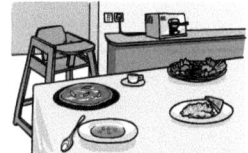

comedor

la salle à manger

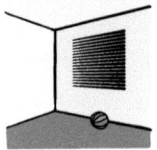

piso
....
le sol

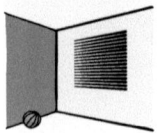

pared
....
le mur

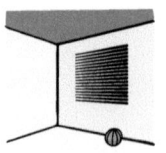

cielorraso
....
le plafond

sótano
....
la cave

sauna
....
le sauna

balcón
....
le balcon

terraza
....
la terrasse

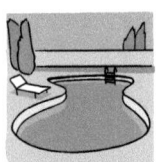

piscina
....
la piscine

cortacésped
....
la tondeuse à gazon

funda nórdica
....
la housse

edredón
....
la couette

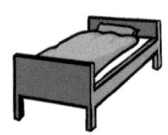

cama
....
le lit

escoba
....
le balai

cubo
....
le sceau

interruptor
....
l'interrupteur

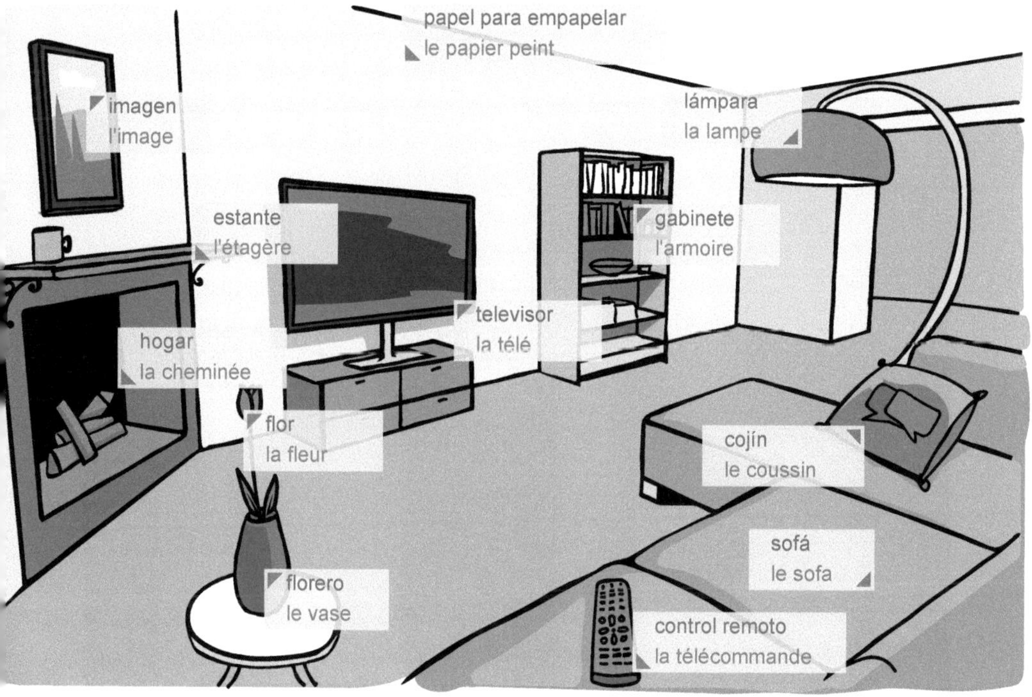

papel para empapelar
le papier peint

imagen
l'image

lámpara
la lampe

estante
l'étagère

gabinete
l'armoire

hogar
la cheminée

televisor
la télé

flor
la fleur

cojín
le coussin

sofá
le sofa

florero
le vase

control remoto
la télécommande

alfombra
le tapis

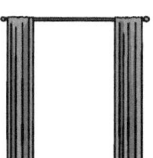

cortina
le rideau

mesa
la table

silla
la chaise

mecedora
la chaise à bascule

sillón
le fauteuil

libro

le livre

frazada

la couverture

decoración

la décoration

leña

le bois de chauffage

film

le film

equipo estereofónico

la chaîne hi-fi

llave

la clé

periódico

le journal

cuadro

la peinture

póster

le poster

radio

la radio

bloc de notas

le bloc-notes

aspiradora

l'aspirateur

cactus

le cactus

vela

la bougie

cocina
la cuisine

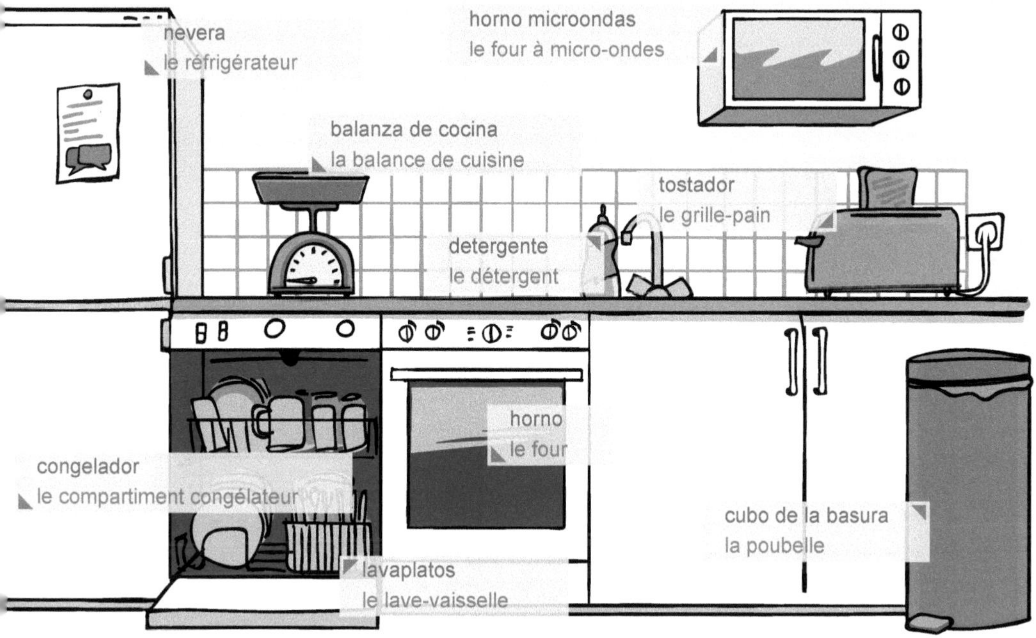

nevera
le réfrigérateur
horno microondas
le four à micro-ondes
balanza de cocina
la balance de cuisine
tostador
le grille-pain
detergente
le détergent
horno
le four
congelador
le compartiment congélateur
cubo de la basura
la poubelle
lavaplatos
le lave-vaisselle

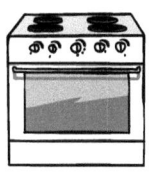

cocina

le four

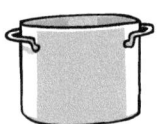

olla

la casserole

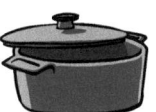

olla de fundición de hierro

la marmite

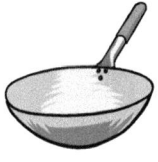

wok / kadai

le wok / kadai

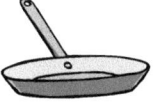

sartén

la poêle

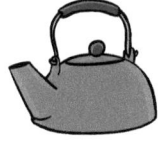

hervidor de agua

la bouilloire electrique

olla de vapor

le cuiseur vapeur

bandeja de horno

la plaque de cuisson

vajilla

la vaisselle

vaso

le gobelet

bol

la coupe

palillos para comer

les baguettes

cucharón de sopa

la louche

espátula

la spatule

batidor

le fouet

colador

la passoire

cedazo

le tamis

rallador

la râpe

mortero

le mortier

parrillada

le barbecue

fogata

la cheminée

cocina - la cuisine

tabla de picar

la planche à découper

rodillo

le rouleau à pâtisserie

sacacorchos

le tire-bouchon

lata

la boîte

abrelatas

l'ouvre-boîte

agarrador

les maniques

fregadero

le lavabo

cepillo

la brosse

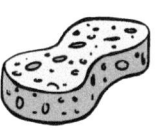

esponja

l'éponge

batidora

le mixeur

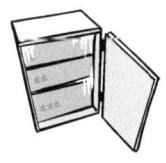

arcón congelador

le congélateur

biberón

le biberon

grifo

le robinet

cuarto de baño

la salle de bain

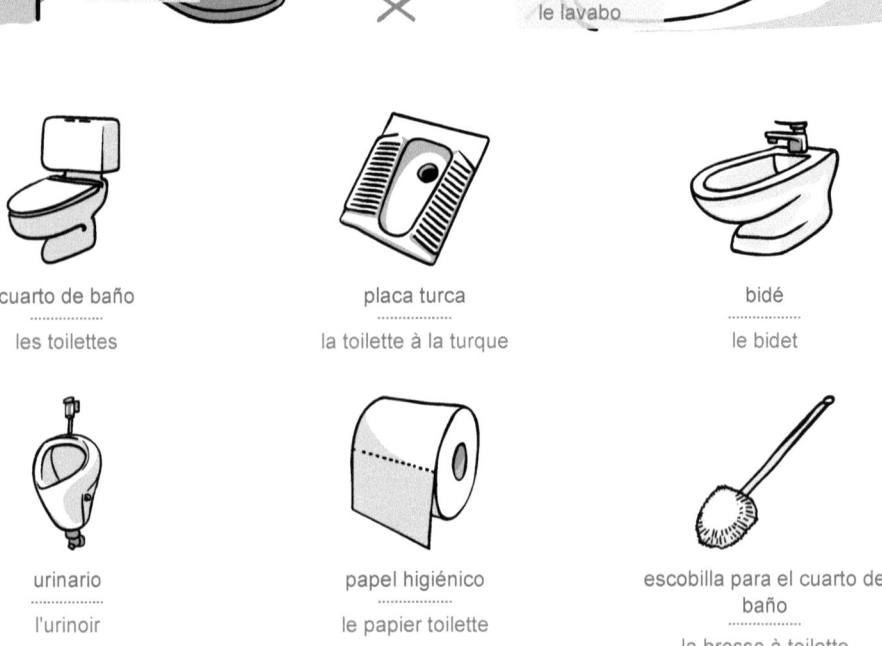

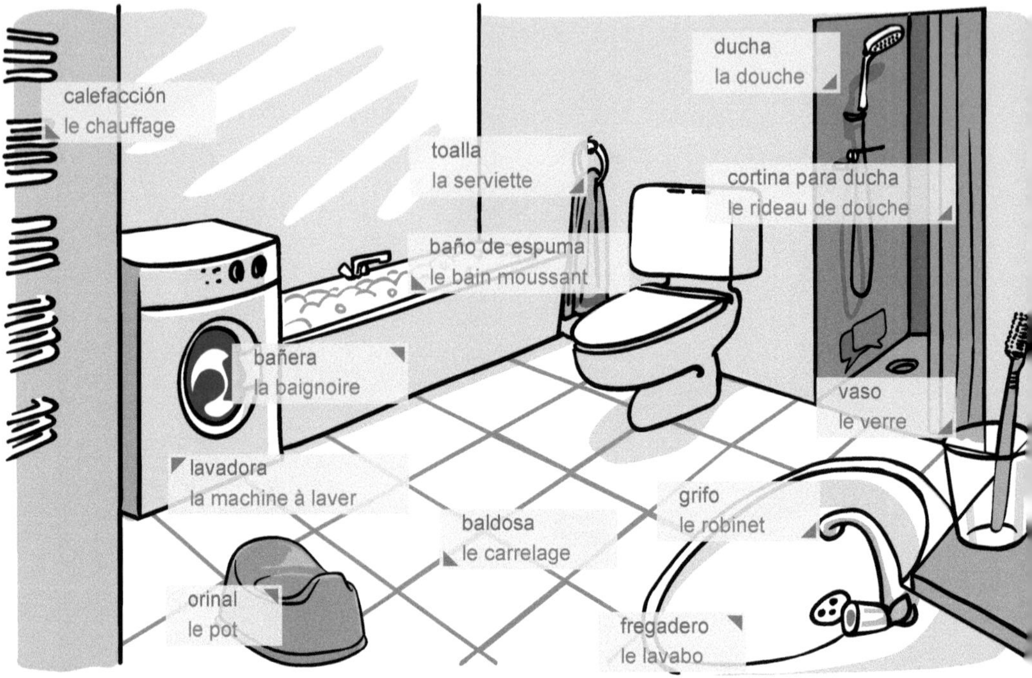

calefacción
le chauffage
toalla
la serviette
ducha
la douche
cortina para ducha
le rideau de douche
baño de espuma
le bain moussant
bañera
la baignoire
vaso
le verre
lavadora
la machine à laver
grifo
le robinet
baldosa
le carrelage
orinal
le pot
fregadero
le lavabo

cuarto de baño

les toilettes

placa turca

la toilette à la turque

bidé

le bidet

urinario

l'urinoir

papel higiénico

le papier toilette

escobilla para el cuarto de baño

la brosse à toilette

cepillo de dientes

la brosse à dents

pasta dentífrica

le dentifrice

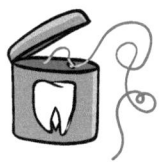

seda dental

le fil dentaire

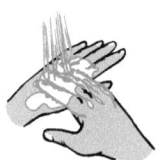

lavar

laver

ducha teléfono

la douche manuelle

ducha higiénica

la douche intime

cuenco

la vasque

cepillo para la espalda

la brosse dorsale

jabón

le savon

gel de ducha

le gel douche

champú

le shampooing

manopla para baño

le gant de toilette

desagüe

l'écoulement

crema

la crème

desodorante

le déodorant

espejo

le miroir

espejo de maquillaje

le miroir cosmétique

máquina de afeitar

le rasoir

espuma de afeitar

la mousse à raser

loción para después del afeitado

l'après-rasage

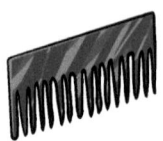

peine

la peigne

cepillo

la brosse

secador para cabello

le sèche-cheveux

laca de peinado

la laque pour cheveux

maquillaje

le fond de teint

lápiz labial

le rouge à lèvres

laca para uñas

le vernis à ongles

algodón

l'ouate

tijera para uñas

le coupe-ongles

perfume

le parfum

cuarto de baño - la salle de bain

neceser

la trousse de toilette

taburete

le tabouret

balanza

le pèse-personne

bata de baño

le peignoir

guantes de goma

les gants de nettoyage

tampón

le tampon

compresa

les serviettes hygiéniques

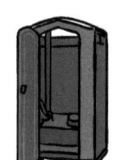

wáter químico

la toilette chimique

cuarto de los niños
la chambre d'enfant

despertador
le réveil
animal de peluche
le doudou
auto de juguete
la voiture jouet
sonajero
le hochet
casa de muñecas
la maison de poupée
obsequio
le cadeau

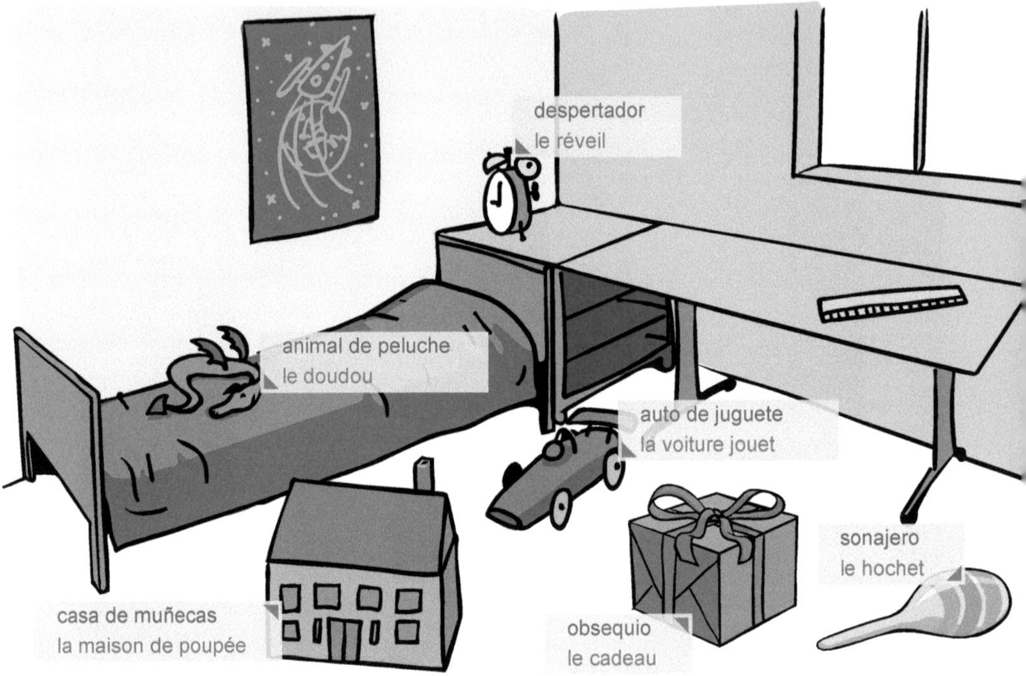

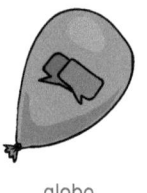

globo
le ballon

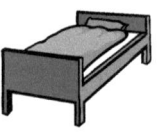

cama
le lit

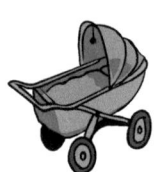

cochecito para niños
la poussette

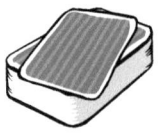

juego de barajas
le jeu de cartes

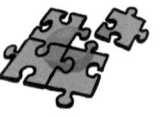

rompecabezas
le puzzle

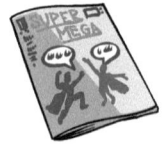

cómic
la bande dessinée

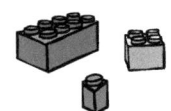

piezas de Lego

les pièces lego

bloques para jugar

les blocs de construction

figura de acción

la figurine

pijama de una pieza

la grenouillère

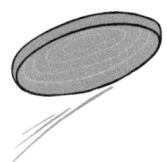

frisbee

le frisbee

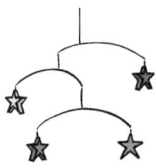

móvil

le mobile

juego de mesa

le jeu de société

dado

le dé

tren eléctrico a escala

le train miniature

chupete

la sucette

fiesta

la fête

libro de dibujos

le livre d'images

pelota

la balle

títere

la poupée

jugar

jouer

arenero

le bac à sable

columpio

la balançoire

juguetes

les jouets

consola de videojuego

la console de jeu

triciclo

le tricycle

osito de peluche

l'ours en peluche

guardarropa

l'armoire

vestimenta

les vêtements

calcetines

les chaussettes

medias

les bas

panti

le collant

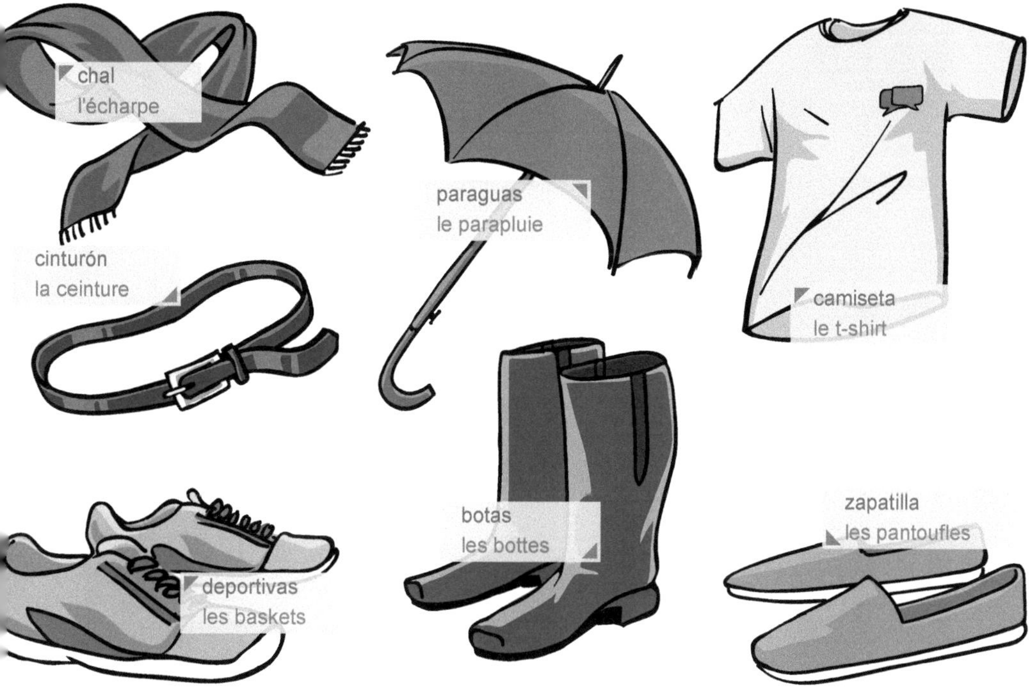

chal
l'écharpe

cinturón
la ceinture

paraguas
le parapluie

camiseta
le t-shirt

botas
les bottes

zapatilla
les pantoufles

deportivas
les baskets

sandalias
les sandales

zapatos
les chaussures

botas de goma
les bottes de caoutchouc

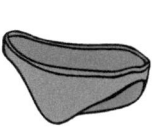

ropa interior
les sous-vêtements

corpiño
le soutien-gorge

camiseta
le maillot de corps

body

le body

pantalón

le pantalon

jeans

le jean

falda

la jupe

blusa

le chemisier

camisa

la chemise

pullover

le pull

sweater

le sweat à capuche

blazer

la veste

chaqueta

la veste

abrigo

le manteau

impermeable

l'imperméable

traje chaqueta

le costume

vestido

la robe

vestido de bodas

la robe de mariée

traje
le costume

camisón
la chemise de nuit

pijama
le pyjama

sari
le sari

pañuelo de cabeza
le foulard

turbante
le turban

burka
la burqa

caftán
le caftan

abaya
l'abaya

traje de baño
le maillot de bain

bañador
le maillot de bain

shorts
le short

chándal
la tenue d'entraînement

delantal
le tablier

guante
les gants

botón

le bouton

gafa

les lunettes

brazalete

le bracelet

cadena

le collier

anillo

la bague

aro

la boucle d'oreille

gorra

le bonnet

percha

le cintre

sombrero

le chapeau

corbata

la cravate

cierre a cremallera

la fermeture éclair

casco

le casque

tiradores

les bretelles

uniforme escolar

l'uniforme scolaire

uniforme

l'uniforme

babero

le bavoir

chupete

la sucette

pañal

la lange

oficina
le bureau

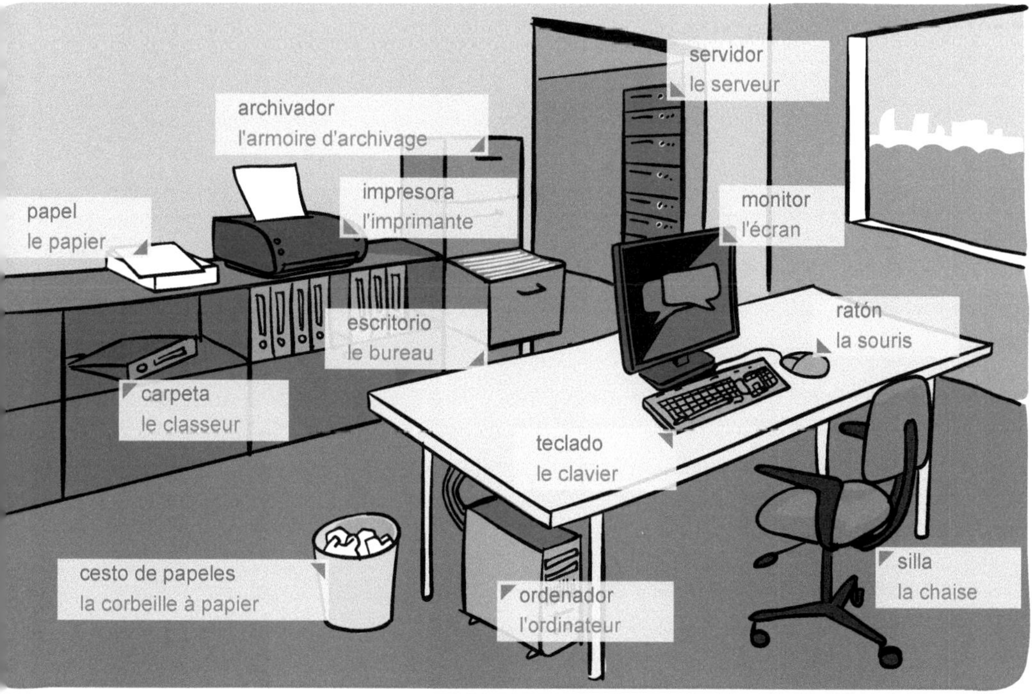

servidor
le serveur

archivador
l'armoire d'archivage

impresora
l'imprimante

monitor
l'écran

papel
le papier

ratón
la souris

escritorio
le bureau

carpeta
le classeur

teclado
le clavier

cesto de papeles
la corbeille à papier

silla
la chaise

ordenador
l'ordinateur

taza de café

la tasse de café

calculadora

la calculatrice

internet

l'internet

laptop

l'ordinateur portable

carta

la lettre

mensaje

le message

teléfono móvil

le portable

red

le réseau

fotocopiadora

la photocopieuse

software

le logiciel

teléfono

le téléphone

tomacorriente

la prise

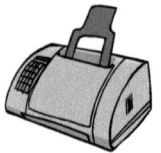

máquina de fax

le fax

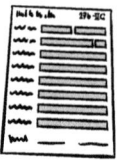

formulario

le formulaire

documento

le document

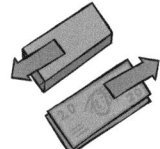

comprar

acheter

pagar

payer

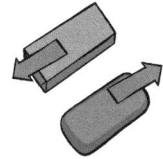

comerciar

faire du commerce

dinero

la monnaie

dólar

le dollar

euro

l'euro

yen

le yen

rublo

le rouble

franco

le franc suisse

renminbi

le renminbi yuan

rupia

la roupie

cajero automático

le distributeur automatique

casa de cambio

le bureau de change

oro

l'or

plata

l'argent

petróleo

le pétrole

energía

l'énergie

precio

le prix

contrato

le contrat

impuesto

la taxe

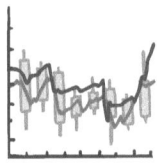

acción

l'action

trabajar

travailler

empleado

l'employé

empleador

l'employeur

fábrica

l'usine

negocio

le magasin

economía - l'économie

ocupaciones
les professions

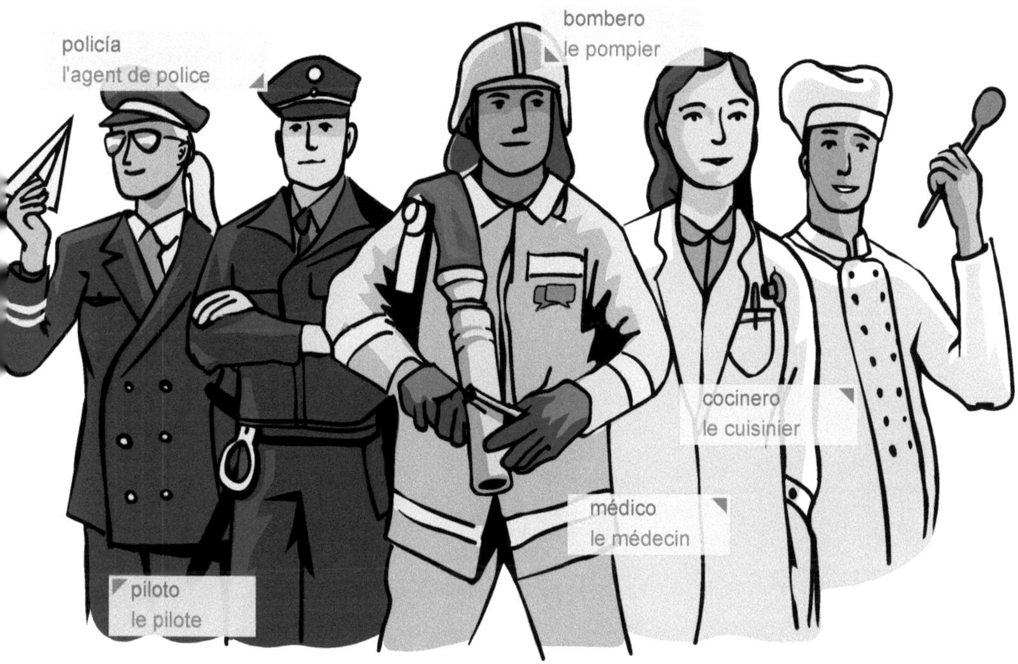

policía
l'agent de police
bombero
le pompier
cocinero
le cuisinier
médico
le médecin
piloto
le pilote

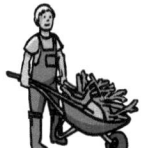

jardinero

le jardinier

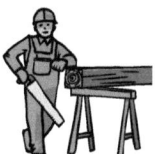

carpintero

le menuisier

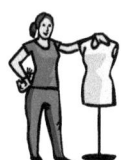

costurera

la couturière

juez

le juge

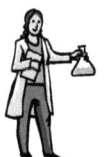

químico

le chimiste

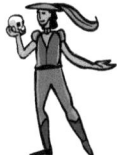

actor

l'acteur

conductor de autobús

le conducteur de bus

taxista

le chauffeur de taxi

pescador

le pêcheur

mujer de la limpieza

la femme de ménage

techista

le couvreur

camarero

le serveur

cazador

le chasseur

pintor

le peintre

panadero

le boulanger

electricista

l'électricien

albañil

l'ouvrier

ingeniero

l'ingénieur

carnicero

le boucher

fontanero

le plombier

cartero

le facteur

soldado

le soldat

arquitecto

l'architecte

cajero

le caissier

florista

le fleuriste

peluquero

le coiffeur

cobrador

le contrôleur

mecánico

le mécanicien

capitán

le capitaine

odontólogo

le dentiste

científico

le scientifique

rabino

le rabbin

imam

l'imam

monje

le moine

párroco

le prêtre

herramientas

les outils

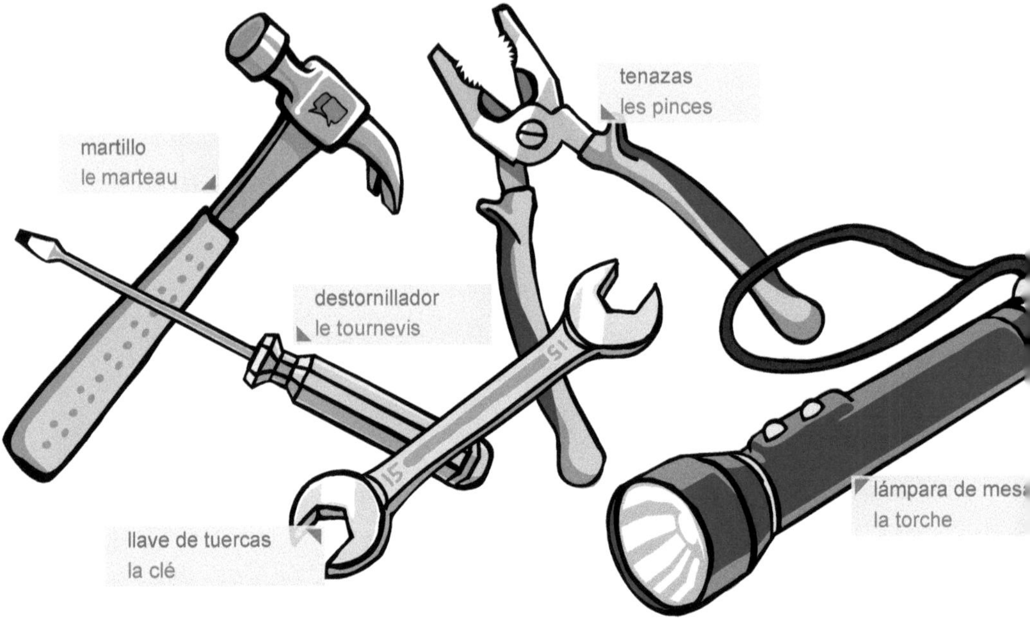

tenazas
les pinces
martillo
le marteau
destornillador
le tournevis
lámpara de mes
la torche
llave de tuercas
la clé

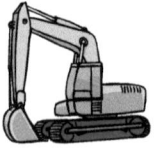

excavadora

la pelleteuse

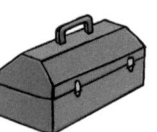

caja de herramientas

la boîte à outils

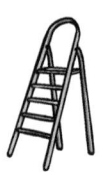

escalerilla

l'échelle

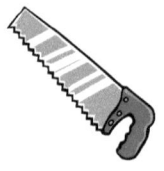

serrucho

la scie

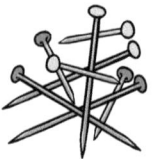

clavos

les clous

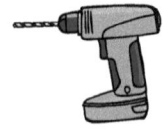

taladro

la perceuse

reparar

réparer

pala

la pelle

¡Maldición!

Mince !

recogedor

la pelle

lata de pintura

le pot de peinture

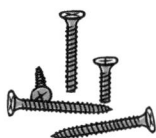

tornillos

les vis

instrumentos musicales
les instruments de musique

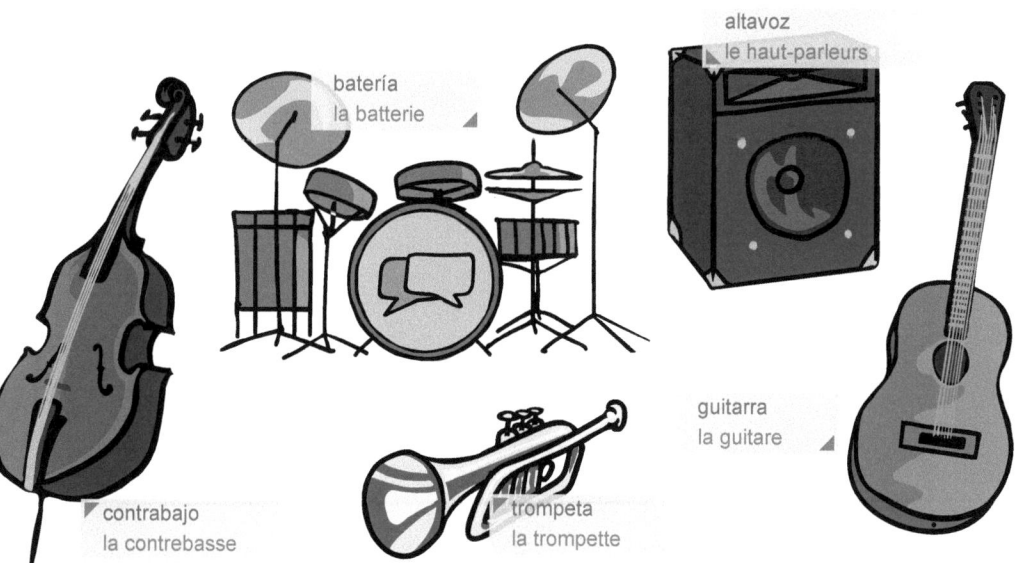

altavoz
le haut-parleurs

batería
la batterie

guitarra
la guitare

contrabajo
la contrebasse

trompeta
la trompette

piano

le piano

violín

le violon

bajo

la basse

timbales

les timbales

tambor

le tambour

teclado

le piano électrique

saxofón

le saxophone

flauta

la flûte

micrófono

le microphone

instrumentos musicales - les instruments de musique

zoológico

le zoo

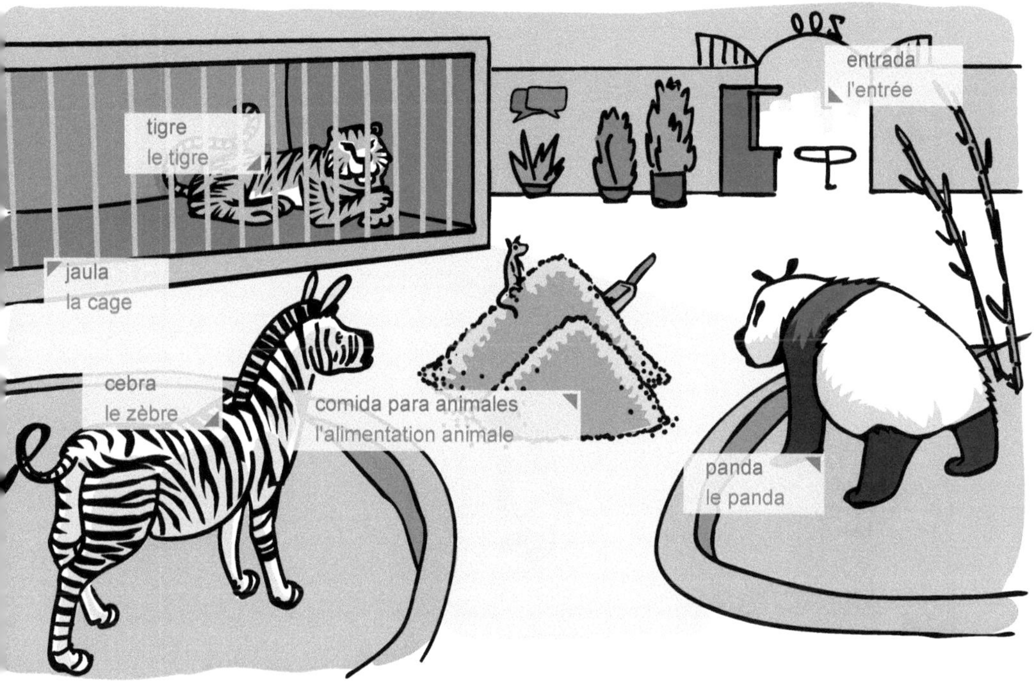

zoo
entrada
l'entrée
tigre
le tigre
jaula
la cage
cebra
le zèbre
comida para animales
l'alimentation animale
panda
le panda

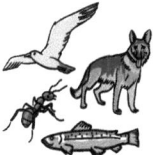

animales

les animaux

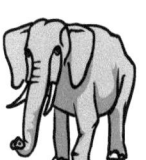

elefante

l'éléphant

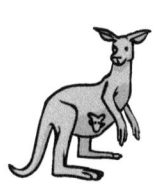

canguro

le kangourou

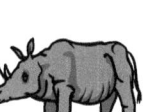

rinoceronte

le rhinocéros

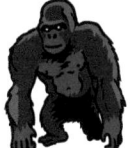

gorila

le gorille

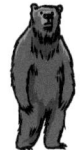

oso

l'ours

camello

le chameau

avestruz

l'autruche

león

le lion

mono

le singe

flamengo

le flamand rose

papagayo

le perroquet

oso polar

l'ours polaire

pingüino

le pingouin

tiburón

le requin

pavo real

le paon

serpiente

le serpent

cocodrilo

le crocodile

cuidador del zoológico

le gardien de zoo

foca

le phoque

jaguar

le jaguar

pony
le poney

leopardo
le léopard

hipopótamo
l'hippopotame

jirafa
la girafe

águila
l'aigle

jabalí
le sanglier

pescado
le poisson

tortuga
la tortue

morsa
le morse

zorro
le renard

gacela
la gazelle

zoológico - le zoo

fútbol americano
l'american Football

ciclismo
le cyclisme

tenis
le tennis

baloncesto
le basket-ball

natación
la natation

boxeo
la boxe

hockey sobre hielo
le hockey sur glace

fútbol
le football

badminton
le badminton

atletismo
l'athlétisme

balonmano
le handball

esquí
le ski

polo
le polo

actividades
les activités

reír
rire
saltar
sauter
abrazar
embrasser
caminar
marcher
cantar
chanter
soñar
rêver
rezar
prier
besar
faire la bise

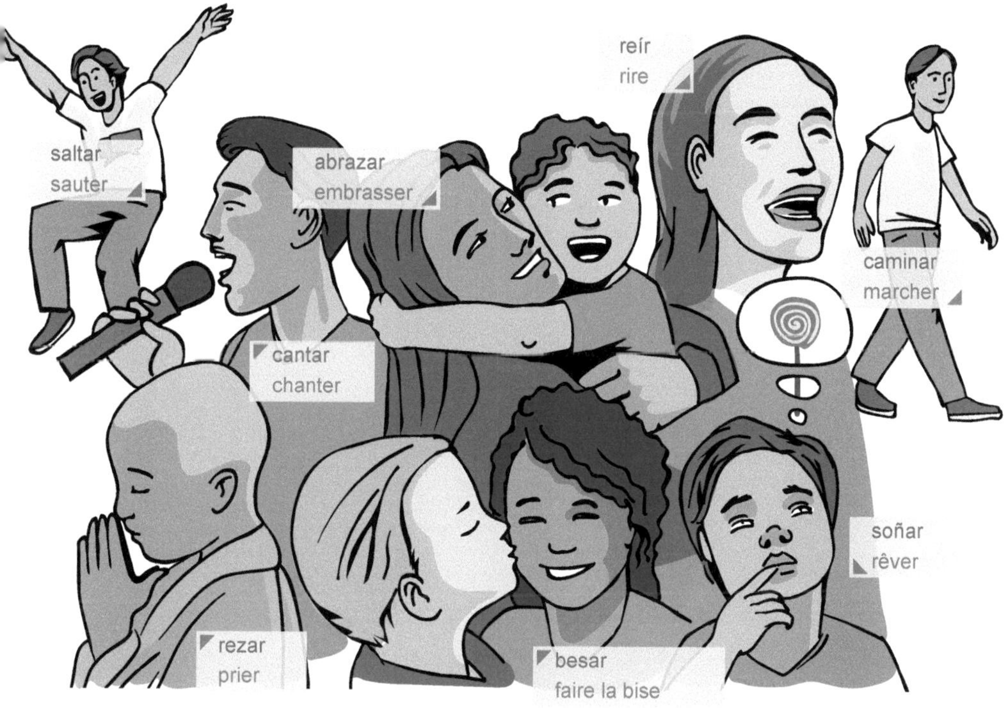

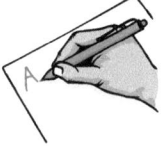

escribir
....
écrire

dibujar
....
dessiner

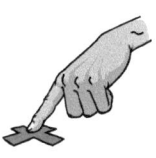

mostrar
....
montrer

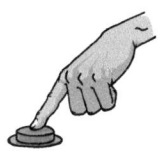

presionar
....
pousser

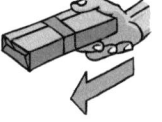

dar
....
donner

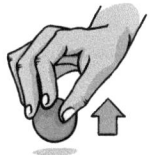

tomar
....
prendre

tener
avoir

hacer
faire

ser
être

estar de pie
être debout

correr
courir

tirar
trier

arrojar
jeter

caer
tomber

estar acostado
être couché

esperar
attendre

llevar
porter

estar sentado
être assis

vestirse
s'habiller

dormir
dormir

despertar
se réveiller

mirar

regarder

llorar

pleurer

acariciar

caresser

peinarse

peigner

conversar

parler

entender

comprendre

preguntar

demander

oír

écouter

beber

boire

comer

manger

asear

ranger

amar

aimer

cocinar

cuire

conducir

conduire

volar

voler

navegar

faire de la voile

calcular

calculer

leer

lire

aprender

apprendre

trabajar

travailler

casarse

se marier

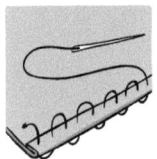

coser

coudre

limpiarse los dientes

brosser les dents

matar

tuer

fumar

fumer

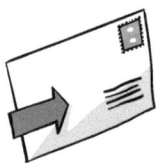

enviar

envoyer

actividades - les activités

familia
la famille

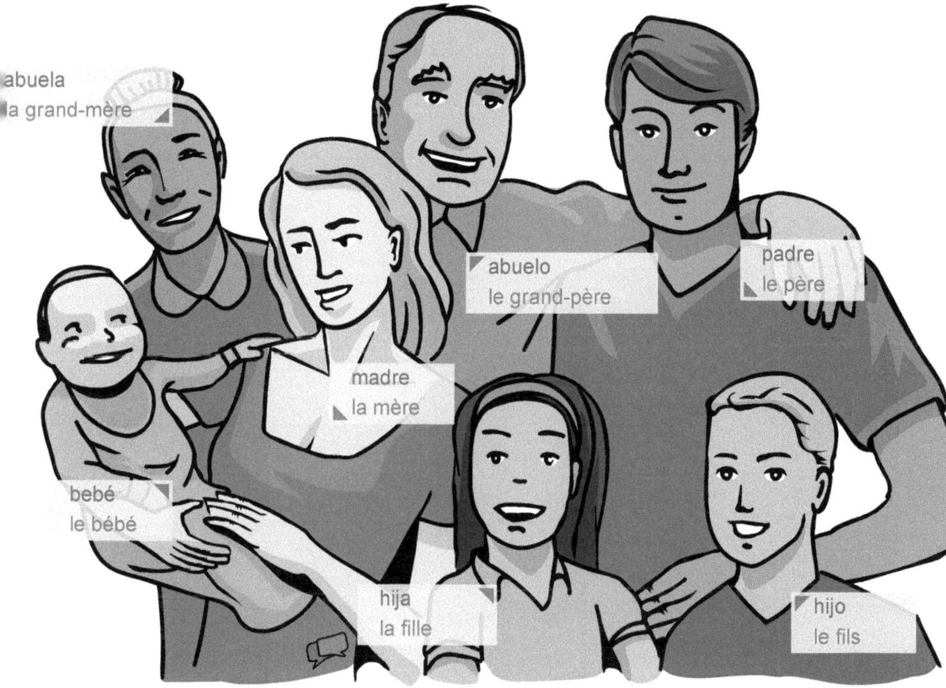
abuela
la grand-mère
abuelo
le grand-père
padre
le père
madre
la mère
bebé
le bébé
hija
la fille
hijo
le fils

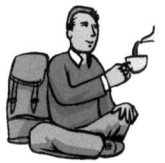

invitado

l'hôte

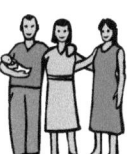

tía

la tante

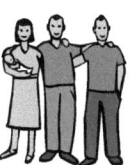

tío

l'oncle

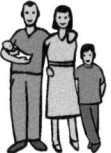

hermano

le frère

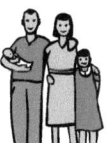

hermana

la sœur

cuerpo
le corps

frente
le front
ojo
l'œil
hombro
l'épaule
dedo
le doigt
cara
le visage
barbilla
le menton
mano
la main
pierna
la jambe
pecho
la poitrine
brazo
le bras

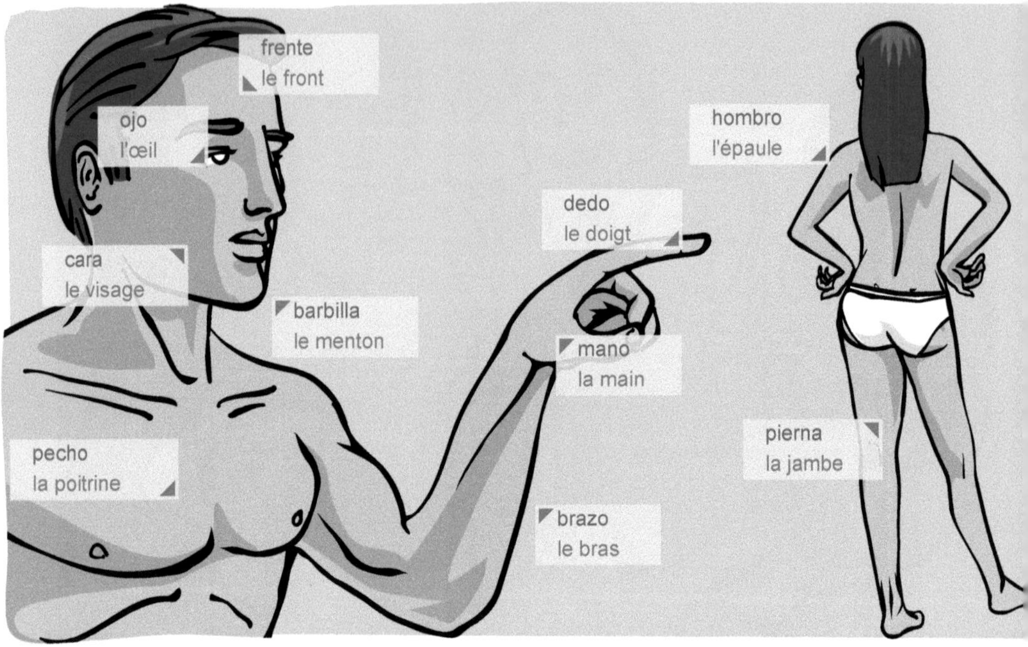

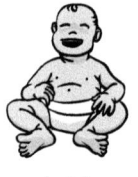

bebé
le bébé

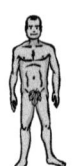

hombre
l'homme

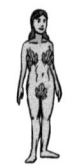

mujer
la femme

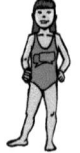

muchacha
la fille

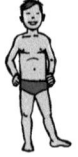

joven
le garçon

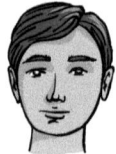

cabeza
la tête

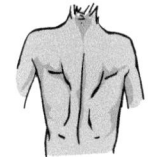

espalda
....
le dos

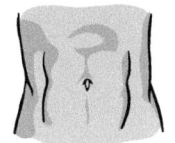

vientre
....
le ventre

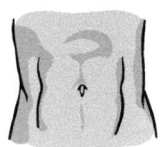

ombligo
....
le nombril

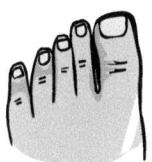

dedo del pie
....
l'orteıl

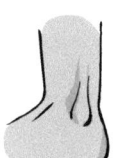

talón
....
le talon

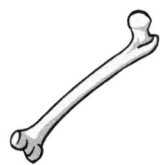

hueso
....
l'os

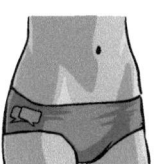

cadera
....
la hanche

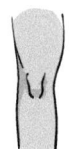

rodilla
....
le genou

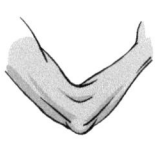

codo
....
le coude

nariz
....
le nez

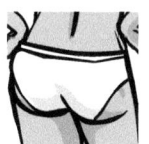

trasero
....
les fesses

piel
....
la peau

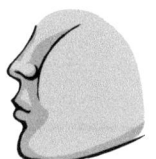

mejilla
....
la joue

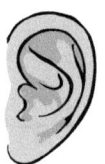

oreja
....
l'oreille

labio
....
la lèvre

boca

la bouche

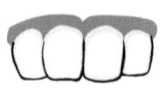

diente

la dent

lengua

la langue

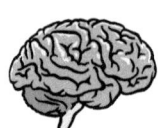

cerebro

le cerveau

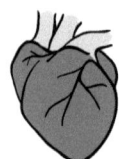

corazón

le cœur

músculo

le muscle

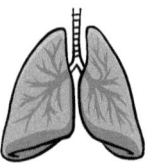

pulmón

les poumons

hígado

le foie

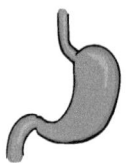

estómago

l'estomac

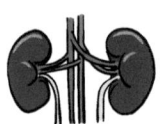

riñones

les reins

relación sexual

le rapport sexuel

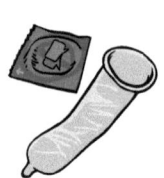

condón

le préservatif

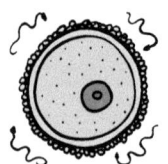

Óvulo

l'ovule

esperma

le sperme

embarazo

la grossesse

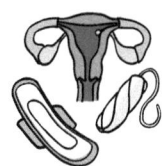

menstruación
....
la menstruation

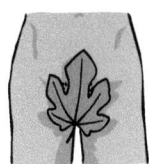

vagina
....
le vagin

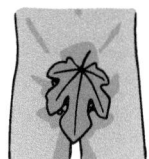

pene
....
le pénis

ceja
....
le sourcil

cabello
....
les cheveux

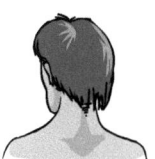

cuello
....
le cou

hospital
l'hôpital

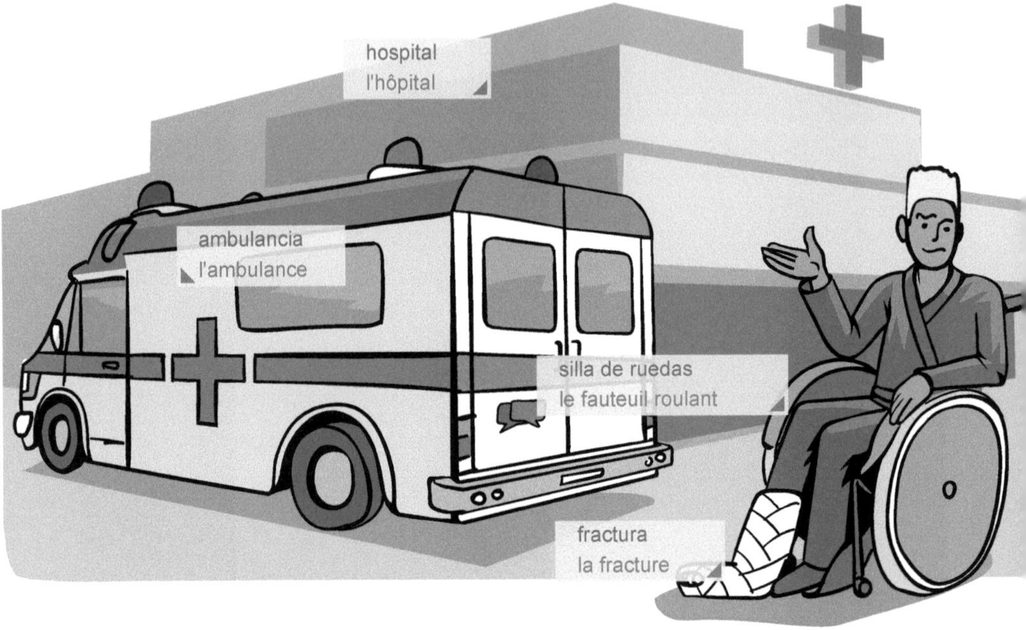

hospital
l'hôpital
ambulancia
l'ambulance
silla de ruedas
le fauteuil roulant
fractura
la fracture

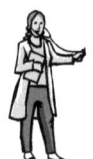

médico
le médecin

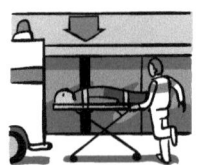

admisión de urgencia
le service des urgences

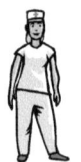

enfermera
l'infirmière

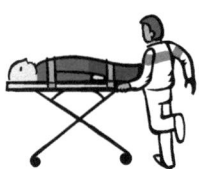

emergencia
l'urgence

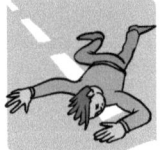

inconsciente
inconscient

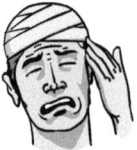

dolor
la douleur

lesión

la blessure

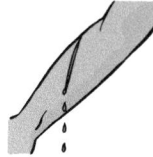

hemorragia

l'hémorragie

infarto de miocardio

la crise cardiaque

apoplejía cerebral

l'attaque cérébrale

alergia

l'allergie

tos

la toux

fiebre

la fièvre

gripe

la grippe

diarrea

la diarrhée

dolor de cabeza

le mal de tête

cáncer

le cancer

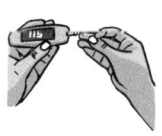

diabetes

le diabète

cirujano

le chirurgien

escalpelo

le scalpel

operación

l'opération

TC

le CT

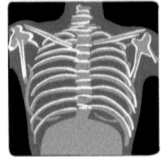

rayos X

la radiographie

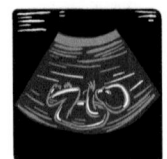

ultrasonido

l'échographie

máscara

le masque

enfermedad

la maladie

sala de espera

la salle d'attente

muleta

la béquille

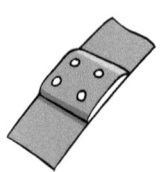

emplasto

le pansement

vendaje

le pansement

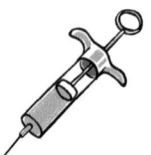

inyección

l'injection

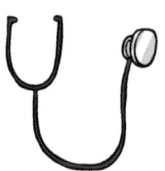

estetoscopio

le stéthoscope

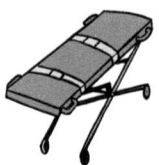

camilla

le brancard

termómetro

le thermomètre

nacimiento

l'accouchement

sobrepeso

la surcharge pondérale

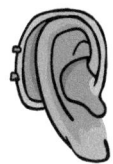

audífono

l'appareil auditif

desinfectante

le désinfectant

infección

l'infection

virus

le virus

VIH / SIDA

le VIH / le sida

medicina

le médicament

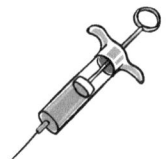

vacunación

la vaccination

comprimido

les comprimés

píldora anticonceptiva

la pilule

llamada de emergencia

l'appel d'urgence

medidor de presión arterial

le tensiomètre

enfermo / saludable

malade / sain

¡Ayuda!
Au secours !

alarma
l'alarme

asalto
l'assaut

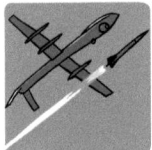

ataque
l'attaque

peligro
le danger

salida de emergencia
la sortie de secours

¡Fuego!
Au feu!

extintor
l'extincteur

accidente
l'accident

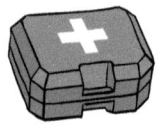

kit de primeros auxilios
la trousse de premier
secours

SOS
SOS

Policía
la police

Europa

l'Europe

América del Norte

l'Amérique du Nord

América del Sur

l'Amérique du Sud

África

l'Afrique

Asia

l'Asie

Australia

l'Australie

Atlántico

l'Océan atlantique

Pacífico

l'Océan pacifique

Océano Índico

l'Océan indien

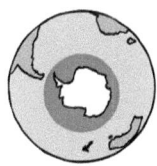

Océano Antártico

l'Océan antarctique

Océano Ártico

l'Océan arctique

Polo Norte

le Pôle nord

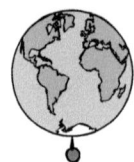

Polo Sur

le Pôle sud

Antártida

l'Antarctique

Tierra

la terre

país

le pays

mar

la mer

isla

l'île

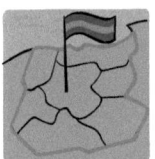

nación

la nation

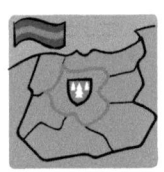

Estado

l'état

cuadrante
le cadran

horario
l'aiguille des heures

minutero
l'aiguille des minutes

segundero
l'aiguille des secondes

¿Qué hora es?
Quelle heure est-il ?

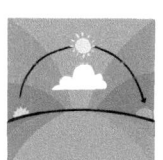

día
le jour

tiempo
le temps

ahora
maintenant

reloj digital
la montre digitale

minuto
la minute

hora
l'heure

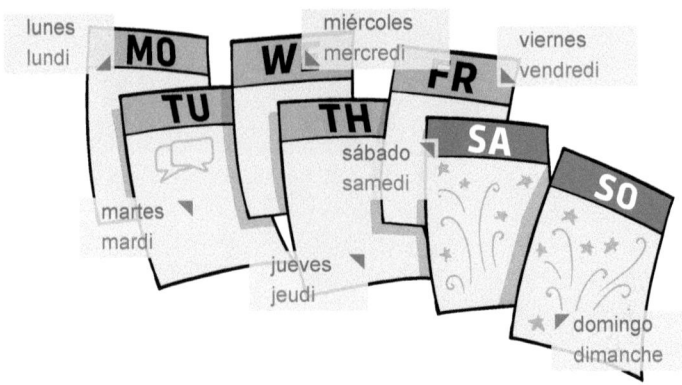

lunes
lundi

miércoles
mercredi

viernes
vendredi

martes
mardi

sábado
samedi

jueves
jeudi

domingo
dimanche

ayer

hier

hoy

aujourd'hui

mañana

demain

mañana

le matin

mediodía

le midi

tarde

le soir

MO	TU	WE	TH	FR	SA	SU
1	2	3	4	5	6	7
8	9	10	11	12	13	14
15	16	17	18	19	20	21
22	23	24	25	26	27	28
29	30	31	1	2	3	4

jornada de trabajo

les jours ouvrables

MO	TU	WE	TH	FR	SA	SU
1	2	3	4	5	6	7
8	9	10	11	12	13	14
15	16	17	18	19	20	21
22	23	24	25	26	27	28
29	30	31	1	2	3	4

fin de semana

le week-end

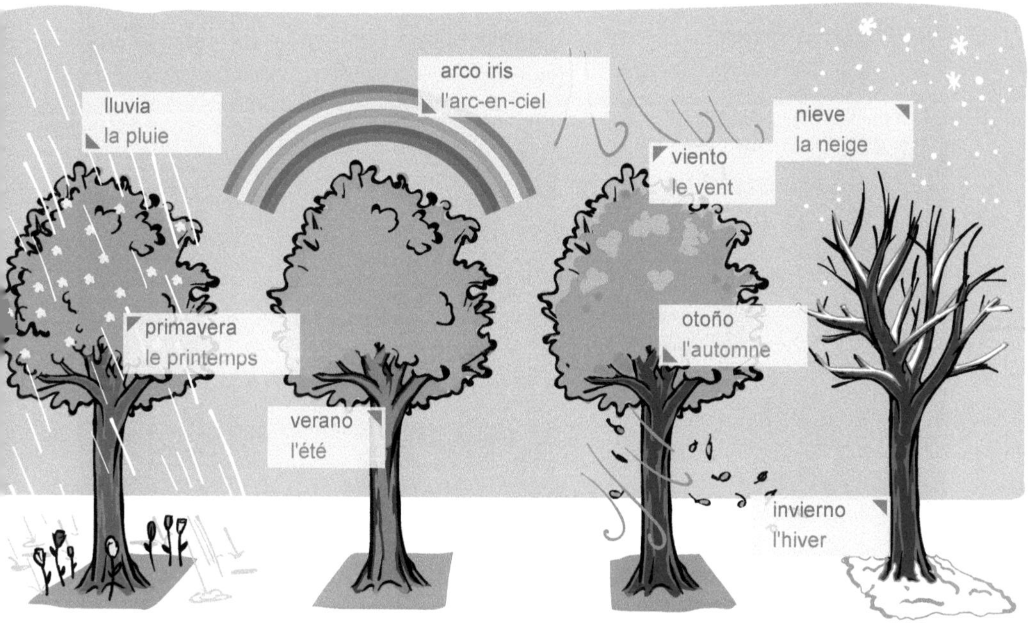

lluvia
la pluie
arco iris
l'arc-en-ciel
nieve
la neige
viento
le vent
primavera
le printemps
otoño
l'automne
verano
l'été
invierno
l'hiver

4.APRIL 11°
5.APRIL 4°
6.APRIL 13°
7.APRIL 8°
8.APRIL 10°

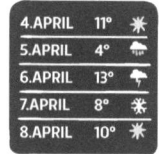

pronóstico meteorológico

la météo

F C
120 40
90 30
60 20
30 10
0 0
-30 -10
-20

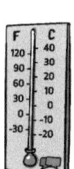

termómetro

le thermomètre

luz solar

la lumière du soleil

nube

le nuage

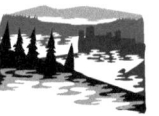

niebla

le brouillard

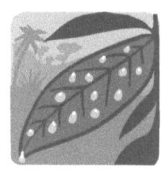

humedad ambiente

l'humidité

relámpago

la foudre

trueno

la tonnerre

tormenta

la tempête

granizo

la grêle

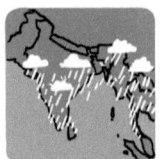

monzón

la mousson

inundación

l'inondation

hielo

la glace

enero

janvier

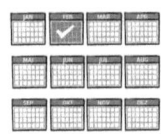

febrero

février

marzo

mars

abril

avril

mayo

mai

junio

juin

julio

juillet

agosto

août

año - l'année

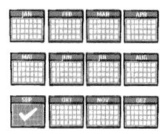

septiembre

septembre

octubre

octobre

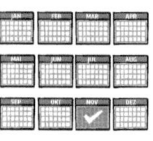

noviembre

novembre

diciembre

décembre

formas

les formes

círculo

le cercle

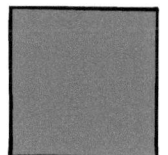

cuadrado

le carré

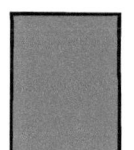

rectángulo

le rectangle

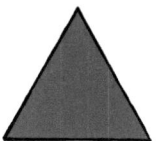

triángulo

le triangle

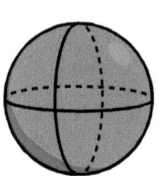

esfera

la sphère

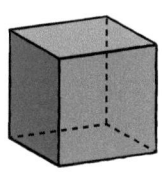

cubo

le cube

blanco

blanc

amarillo

jaune

anaranjado

orange

rosa

rose

rojo

rouge

lila

violet

azul

bleu

verde

vert

marrón

marron

gris

gris

negro

noir

mucho / poco

beaucoup / peu

enojado / calmado

fâché / calme

bonito / feo

joli / laid

comienzo / fin

le début / la fin

grande / pequeño

grand / petit

claro / oscuro

clair / obscure

hermano / hermana

frère / soeur

limpio / sucio

propre / sale

completo / incompleto

complet / incomplet

día / noche

le jour / la nuit

muerto / vivo

mort / vivant

ancho / angosto

large / étroit

disfrutable / no disfrutable

....

comestible / incomestible

malo / amigable

....

méchant / gentil

excitado / aburrido

excité / ennuyé

gordo / delgado

....

gros / mince

primero / último

....

le premier / le dernier

amigo / enemigo

l'ami / l'ennemi

lleno / vacío

....

plein / vide

duro / suave

....

dur / souple

pesado / liviano

....

lourd / léger

hambre / sed

....

faim / soif

enfermo / saludable

....

malade / sain

ilegal / legal

illégal / légal

inteligente / tonto

....

intelligent / stupide

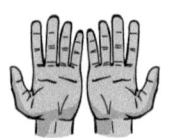

izquierda / derecha

....

gauche / droite

cercano / lejano

....

proche / loin

nuevo / usado

nouveau / usé

nada / algo

rien / quelque chose

viejo / joven

vieux / jeune

encendido / apagado

marche / arrêt

abierto / cerrado

ouvert / fermé

bajo / fuerte

faible / fort

rico / pobre

riche / pauvre

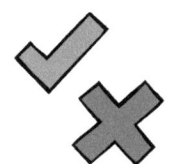

correcto / incorrecto

correct / incorrect

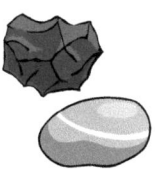

áspero / liso

rugueux / lisse

triste / alegre

triste / heureux

breve / extenso

court / long

lento / veloz

lent / rapide

mojado / seco

mouillé / sec

caliente / frío

chaud / froid

guerra / paz

la guerre / la paix

0

cero

zéro

1

uno

un / une

2

dos

deux

3

tres

trois

4

cuatro

quatre

5

cinco

cinq

6

seis

six

7

siete

sept

8

ocho

huit

9

nueve

neuf

10

diez

dix

11

once

onze

12
doce
douze

13
trece
treize

14
catorce
quatorze

15
quince
quinze

16
dieciséis
seize

17
diecisiete
dix-sept

18
dieciocho
dix-huit

19
diecinueve
dix-neuf

20
veinte
vingt

100
cien
cent

1.000
mil
mille

1.000.000
millón
le million

inglés

l'anglais

inglés estadounidense

l'anglais américain

chino mandarín

le chinois mandarin

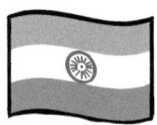

hindi

le hindi

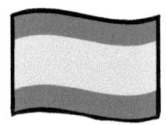

español

l'espagnol

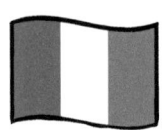

francés

le français

árabe

l'arabe

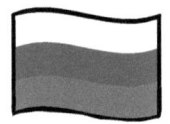

ruso

le russe

portugués

le portugais

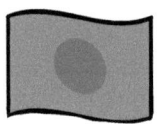

bengalí

le bengali

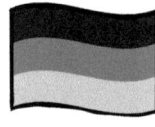

alemán

l'allemand

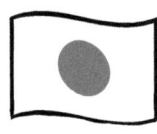

japonés

le japonais

yo

je

tú

tu

él / ella

il / elle / ce, c', cela

nosotros

nous

vosotros

vous

ellos

ils / elles

¿qulén?

Qui ?

¿qué?

Quoi ?

¿cómo?

Comment ?

¿dónde?

Où ?

¿cuándo?

Quand ?

nombre

le nom

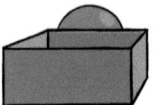

detrás

derrière

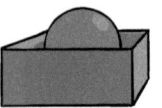

en

dans

delante de

devant

encima de

au-dessus

sobre

sur

debajo de

en-dessous

junto a

à côté de

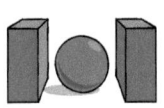

entre

entre

lugar

le lieu